PROYECTOS PRÁCTICOS DE
INTELIGENCIA ARTIFICIAL

ÍNDICE

■ Contenido:
- Recolección y limpieza de datos.
- Entrenamiento y ajuste del modelo.
- Evaluación del rendimiento y métricas.
- Despliegue con una interfaz simple.

■ Proyecto 4: IA en producción con API y Google Cloud

■ Objetivo: Desplegar un modelo de IA en producción mediante una API.

■ Tecnologías: FastAPI, Docker, Google Cloud (Vertex AI, Cloud Functions).

■ Contenido:
- Creación de una API para servir modelos de IA.
- Contenerización con Docker.
- Implementación en Google Cloud.
- Optimización y escalabilidad.

■ Proyecto 5: Uso de IA en análisis de sentimientos en redes sociales

■ Objetivo: Extraer insights a partir de comentarios en redes sociales.

■ Tecnologías: Twitter API, VADER, BERT, Pandas.

■ Contenido:
- Captura de datos desde redes sociales.
- Preprocesamiento de texto y análisis de sentimientos.
- Visualización de resultados e interpretación.
- Creación de dashboard con Streamlit o Plotly.

◣ Proyecto Extra

■ Conclusión y Siguientes Pasos
- Buenas prácticas en proyectos de IA.
- Desafíos y tendencias futuras en IA aplicada.
- Cómo continuar aprendiendo y mejorando modelos.
  Errores Comunes en IA y Cómo Evitarlos

■ Glosario Básico de Términos

🌐 Recursos Recomendados para Seguir Aprendiendo

Introducción

La inteligencia artificial (IA) ha dejado de ser un concepto futurista para convertirse en una herramienta fundamental en diversas industrias. Desde la automatización de tareas hasta la creación de sistemas inteligentes que mejoran la experiencia del usuario, la IA está transformando la forma en que interactuamos con la tecnología.

Este libro está diseñado para aquellos que **ya tienen conocimientos básicos de IA y machine learning**, pero buscan aplicarlos en proyectos reales. Aquí aprenderás a desarrollar sistemas de IA funcionales y escalables, abordando desafíos del mundo real con herramientas modernas y metodologías probadas.

📌 ¿Por qué aplicar IA en proyectos reales?

Muchos cursos y libros enseñan los fundamentos teóricos de la IA, pero pocos se enfocan en la implementación práctica. Sin experiencia en proyectos reales, es difícil entender cómo funciona la IA en entornos empresariales y de producción.

Aplicar IA en proyectos reales te permitirá:
- Ganar experiencia práctica en el desarrollo de modelos de IA.
- Resolver problemas concretos con machine learning y deep learning.
- Optimizar procesos en diferentes áreas como finanzas, salud, comercio y tecnología.
- Construir un portafolio sólido para oportunidades laborales en IA.

Cada proyecto de este libro está diseñado para enseñarte no solo la implementación técnica, sino también cómo enfrentar desafíos comunes y mejorar los modelos en escenarios reales.

🛠 Herramientas y frameworks clave

Para desarrollar los proyectos, utilizaremos algunas de las herramientas más poderosas y populares en la industria de la IA:

◆ **Python**   Lenguaje de programación principal para machine learning y deep learning.

◆ **TensorFlow & Keras**   Para construir y entrenar redes neuronales profundas.

◆ **PyTorch**   Para desarrollar modelos de deep learning de manera flexible y eficiente.

◆ **Scikit-Learn**   Para tareas de machine learning clásico, como regresión y clasificación.

◆ **Pandas & NumPy**   Para manipulación y análisis de datos.

◆ **OpenAI API**   Para integrar modelos avanzados de procesamiento de lenguaje natural (NLP).

◆ **Google Cloud AI & Vertex AI**   Para desplegar modelos de IA en producción.

◆ **FastAPI & Flask**   Para construir APIs que permitan integrar modelos en aplicaciones web.

Cada proyecto explicará en detalle cómo utilizar estas herramientas y en qué situaciones son más efectivas.

▣ Instalación y configuración del entorno de desarrollo

Antes de comenzar, es importante configurar correctamente el entorno de trabajo. A lo largo del libro, usaremos herramientas que puedes instalar en tu computadora o en plataformas en la nube.

⬇ Instalación en local (PC o laptop)

Para ejecutar los proyectos en tu equipo, necesitas instalar:

◆ Python 3.8+ (recomendado instalar con Anaconda o directamente desde python.org).
◆ Jupyter Notebook o VS Code como entornos de desarrollo.
◆ Bibliotecas necesarias (TensorFlow, PyTorch, Scikit-Learn, Pandas, NumPy, etc.).

Puedes instalar las bibliotecas principales con:

```bash
pip install tensorflow torch scikit-learn pandas numpy matplotlib
```

Uso de plataformas en la nube

Si no deseas instalar herramientas en tu PC, puedes utilizar servicios en la nube como:

◼ Google Colab → Ejecuta modelos en GPUs sin necesidad de configuración.
◼ Kaggle Notebooks → Espacio gratuito para experimentar con datasets y modelos.
◼ Google Cloud AI & AWS AI → Para entrenar y desplegar modelos en producción.

Cada proyecto indicará la mejor opción para implementarlo de manera eficiente.

🔍 Cómo abordar problemas de IA en el mundo real

En la industria, los problemas de IA rara vez vienen en un formato limpio y listo para entrenar un modelo. Para resolver problemas reales, es clave seguir un enfoque estructurado:

◼ Definir el problema claramente
- ¿Qué queremos predecir o automatizar?
- ¿Cuál es el impacto del modelo en la solución del problema?

◼ Recolección y preparación de datos
- Obtener datasets de calidad (fuentes abiertas o datos propios).
- Preprocesamiento: limpieza, normalización y transformación de datos.

◼ Selección del modelo adecuado
- Modelos de machine learning vs. deep learning.
- Técnicas para mejorar el rendimiento (optimización de hiperparámetros, regularización).

◼ Evaluación y validación
- Uso de métricas adecuadas (precisión, recall, F1-score, RMSE, etc.).
- Evitar sobreajuste mediante validación cruzada y ajuste de parámetros.

◼ Despliegue y escalabilidad
- Convertir modelos en APIs para su integración en aplicaciones.
- Uso de servicios en la nube para escalar soluciones.

Este enfoque te permitirá enfrentar problemas de IA en cualquier industria y diseñar soluciones eficientes y efectivas.

🚀 ¿Cómo aprovechar al máximo este libro?

Para obtener el mejor aprendizaje, te recomendamos:

⬛ Reproducir los proyectos paso a paso en tu entorno de desarrollo.

⬛ Experimentar con diferentes configuraciones y datos para entender cómo afectan al rendimiento del modelo.

⬛ Documentar y mejorar cada solución para adaptarla a problemas específicos.

⬛ Aplicar los conocimientos adquiridos en proyectos propios y en desafíos del mundo real.

Con este libro, estarás preparado para construir aplicaciones de IA que realmente funcionen y tengan impacto. ¡Es hora de llevar tus habilidades al siguiente nivel! 🚀

📌 Proyecto 1: Clasificación de imágenes con CNNs

◼ Objetivo

Construir una red neuronal convolucional (CNN) capaz de clasificar imágenes en diferentes categorías utilizando el dataset CIFAR-10.

⚒ Tecnologías utilizadas

◆ TensorFlow/Keras   Para construir y entrenar la CNN.
◆ OpenCV   Para manipulación y preprocesamiento de imágenes.
◆ Matplotlib & Seaborn   Para visualizar datos y resultados.

◼ Preparación de datos y preprocesamiento

📁 Cargar el dataset CIFAR-10

El dataset CIFAR-10 contiene 60,000 imágenes en color de 32x32 píxeles, distribuidas en 10 clases:

✈ Avión, 🚗 Automóvil, 🐦 Pájaro, 🐱 Gato, 🦌 Ciervo, 🐶 Perro, 🐸 Rana, 🐴 Caballo, ⚓ Barco, 🚚 Camión.

Vamos a cargar el dataset y normalizar los valores de los píxeles.

```python
import tensorflow as tf
from tensorflow import keras
import numpy as np
import matplotlib.pyplot as plt

# Cargar el dataset CIFAR-10
(x_train, y_train), (x_test, y_test) =
    keras.datasets.cifar10.load_data()
```

```python
# Normalizar los valores de píxeles (0 a 255 → 0 a 1)
x_train, x_test = x_train / 255.0, x_test / 255.0

# Etiquetas de las clases
class_names = [
    "Avión", "Automóvil", "Pájaro", "Gato", "Ciervo",
    "Perro", "Rana", "Caballo", "Barco", "Camión"
]

# Mostrar algunas imágenes del dataset
plt.figure(figsize=(10,5))
for i in range(10):
    plt.subplot(2, 5, i+1)
    plt.xticks([])
    plt.yticks([])
    plt.grid(False)
    plt.imshow(x_train[i])
    plt.xlabel(class_names[y_train[i][0]])
plt.show()
```

■ Explicación del código:

✓ Carga del dataset CIFAR-10 con keras.datasets.cifar10.load_data().

✓ Normalización dividiendo los valores de los píxeles por 255.

✓ Visualización de imágenes con matplotlib.

■ Construcción del modelo CNN paso a paso

📌 Definiendo la arquitectura de la CNN

```python
from tensorflow.keras import layers, models

# Construcción del modelo CNN
model = models.Sequential([
    layers.Conv2D(32, (3, 3), activation='relu', input_shape=
    (32, 32, 3)),  layers.MaxPooling2D((2, 2)),

    layers.Conv2D(64, (3, 3), activation='relu'),
    layers.MaxPooling2D((2, 2)),

    layers.Conv2D(128, (3, 3), activation='relu'),
    layers.Flatten(),

    layers.Dense(128, activation='relu'),
    layers.Dense(10, activation='softmax')
])

# Mostrar estructura del modelo
model.summary()
```

■ Explicación del código:

✔ Conv2D: Capa convolucional con 32, 64 y 128 filtros y kernel de 3x3.

✔ MaxPooling2D: Reduce el tamaño de las imágenes después de la convolución.

✔ Flatten: Convierte la salida en un vector de una sola dimensión.

✔ Dense: Capas totalmente conectadas, con softmax en la última para clasificación.

■ Entrenamiento y evaluación del modelo

📌 Compilar y entrenar la CNN

```python
# Compilar el modelo
model.compile(optimizer='adam',
              loss='sparse_categorical_crossentropy',
              metrics=['accuracy'])

# Entrenar el modelo
history = model.fit(x_train, y_train, epochs=10, validation_data=
(x_test, y_test))
```

■ Explicación del código:

✓ Optimizador Adam para mejorar la velocidad de aprendizaje.

✓ Función de pérdida sparse_categorical_crossentropy para clasificación multiclase.

✓ epochs=10 significa que el modelo entrenará 10 veces sobre el dataset.

■ Evaluar el modelo

```python
# Evaluar el modelo en el conjunto de prueba
test_loss, test_acc = model.evaluate(x_test, y_test, verbose=2)
print(f"\nPrecisión en el conjunto de prueba: {test_acc:.2f}")
```

📌 La precisión obtenida nos dirá qué tan bien está clasificando el modelo.

⬛ Mejoras: Transfer Learning y Data Augmentation

📌 Aumentar datos con Data Augmentation

El dataset CIFAR-10 tiene imágenes limitadas. Para mejorar el modelo, generamos imágenes nuevas con Data Augmentation.

```python
from tensorflow.keras.preprocessing.image import ImageDataGenerator

# Configurar Data Augmentation
datagen = ImageDataGenerator(
    rotation_range=20,
    width_shift_range=0.1,
    height_shift_range=0.1,
    horizontal_flip=True
)

# Ajustar el generador a los datos de entrenamiento
datagen.fit(x_train)

# Entrenar el modelo con Data Augmentation
history = model.fit(datagen.flow(x_train, y_train, batch_size=32),
                    epochs=10, validation_data=(x_test, y_test))
```

⬛ Explicación:

✔ Gira, desplaza y refleja imágenes para generar más variedad en los datos de entrenamiento.

✔ Reduce el sobreajuste haciendo que la CNN aprenda de más variaciones de imágenes.

📌 **Transfer Learning (Uso de modelos preentrenados)**

En lugar de entrenar desde cero, podemos usar un modelo ya entrenado en grandes cantidades de imágenes, como MobileNetV2.

```python
from tensorflow.keras.applications import MobileNetV2
from tensorflow.keras.models import Model
from tensorflow.keras.layers import Dense, Flatten

# Cargar MobileNetV2 sin la última capa
base_model = MobileNetV2(weights='imagenet',
                         include_top=False,
                         input_shape=(32, 32, 3))

# Congelar capas del modelo preentrenado
for layer in base_model.layers:
    layer.trainable = False

# Agregar nuevas capas personalizadas
x = Flatten()(base_model.output)
x = Dense(128, activation='relu')(x)
output = Dense(10, activation='softmax')(x)

# Crear modelo final
model_tl = Model(inputs=base_model.input, outputs=output)

# Compilar el modelo
model_tl.compile(optimizer='adam',
                 loss='sparse_categorical_crossentropy',
                 metrics=['accuracy'])

# Entrenar el modelo
model_tl.fit(x_train, y_train, epochs=10,
             validation_data=(x_test, y_test))
```

📌 Transfer Learning reutiliza características aprendidas en un modelo previamente entrenado, lo que mejora la precisión y reduce el tiempo de entrenamiento.

📌 Conclusión

En este proyecto hemos:

⬛ Entrenado una CNN desde cero para clasificar imágenes de CIFAR-10.

⬛ Mejorado los resultados con Data Augmentation y Transfer Learning.

⬛ Preparado la base para modelos más avanzados en visión artificial.

■ Proyecto 1: Clasificación de Imágenes con CNNs

🔧 Retos:

- Entrena el modelo con otro dataset como Fashion MNIST o imagenet_mini.
- Aplica data augmentation para mejorar la precisión general.
- Agrega EarlyStopping y ModelCheckpoint para controlar el sobreajuste.

⬤ Preguntas de práctica:

1. ¿Por qué usamos la función de activación ReLU en las capas convolucionales?
2. ¿Qué hace la capa MaxPooling2D y cómo afecta a la red?
3. ¿Cuándo conviene usar Transfer Learning?

🏛 Proyecto 2: Creación de un chatbot con GPT y NLP

◼ Objetivo

Desarrollar un chatbot basado en IA utilizando modelos GPT y herramientas de procesamiento de lenguaje natural (NLP).

⚒ Tecnologías utilizadas

- ◆ OpenAI API   Para integrar modelos GPT en el chatbot.
- ◆ spaCy & NLTK   Para procesamiento de texto y NLP.
- ◆ Flask   Para construir una API y desplegar el chatbot en la web.
- ◆ Telegram API (opcional)   Para integrar el chatbot en Telegram.

◼ Introducción a los modelos de lenguaje GPT

Los modelos GPT (Generative Pre-trained Transformer) son redes neuronales avanzadas que pueden generar texto coherente basado en entradas dadas.

◆ Cómo funciona GPT

◼ Preentrenamiento: El modelo es entrenado con grandes volúmenes de texto para aprender patrones lingüísticos.

◼ Ajuste fino (fine-tuning): Se puede personalizar con datos específicos para mejorar respuestas en ciertos temas.

◼ Generación de respuestas: Basado en una pregunta o mensaje, el modelo predice la mejor respuesta posible.

Para usar GPT en nuestro chatbot, utilizaremos la API de OpenAI, que nos permite acceder a GPT-4 o versiones anteriores.

■ Entrenamiento y personalización del chatbot

📌 Instalación de dependencias

Primero, asegurémonos de instalar las bibliotecas necesarias:

```bash
bash
```

```bash
pip install openai flask spacy nltk python-dotenv
```

📌 Configurar la API de OpenAI

Crea un archivo .env para almacenar tu clave de API de OpenAI:

```env
env
```

```env
OPENAI_API_KEY="tu_api_key_aquí"
```

📌 Crear el chatbot con GPT

Vamos a programar un chatbot que pueda responder preguntas utilizando la API de OpenAI.

```python
python
```

```python
import openai
import os
from dotenv import load_dotenv

# Cargar la clave de API desde el archivo .env
load_dotenv()
openai.api_key = os.getenv("OPENAI_API_KEY")
```

```python
def chatbot(prompt):
    response = openai.ChatCompletion.create(
        model="gpt-4",
        messages=[{"role": "user", "content": prompt}]
    )
    return response["choices"][0]["message"]["content"]

# Ejemplo de conversación
while True:
    user_input = input("Tú: ")
    if user_input.lower() == "salir":
        break
    respuesta = chatbot(user_input)
    print(f"Chatbot: {respuesta}")
```

↓

▮ Explicación:

✓ Se carga la clave de API de OpenAI desde un archivo de entorno.

✓ chatbot(prompt) envía el mensaje del usuario a GPT-4 y obtiene la respuesta.

✓ Bucle de conversación, donde el usuario puede escribir preguntas y recibir respuestas.

◆ ¡Pruébalo! Ejecuta el código y chatea con el bot. Para salir, escribe salir.

■ Implementación de procesamiento de lenguaje natural (NLP)

Para mejorar el chatbot, podemos agregar NLP para preprocesar el texto antes de enviarlo a GPT.

```python
import spacy
import nltk
from nltk.tokenize import word_tokenize
from nltk.corpus import stopwords

# Descargar datos necesarios para NLTK
nltk.download('punkt')
nltk.download('stopwords')

# Cargar el modelo de spaCy en español
nlp = spacy.load("es_core_news_sm")

def preprocesar_texto(texto):
    # Tokenización y eliminación de stopwords
    tokens = word_tokenize(texto.lower())
    tokens_limpiados = [t for t in tokens if t not in stopwords.words
('spanish')]
    # Análisis morfológico con spaCy
    doc = nlp(" ".join(tokens_limpiados))
    lemas = [token.lemma_ for token in doc]

    return " ".join(lemas)

# Ejemplo de preprocesamiento
texto_original = "¡Hola! ¿Cómo estás hoy?"
texto_procesado = preprocesar_texto(texto_original)
print("Texto procesado:", texto_procesado)
```

■ Explicación:

✔ Elimina palabras vacías (stopwords) para reducir ruido en el texto.

✔ Tokeniza y lematiza palabras con NLTK y spaCy.

✔ Mejora la comprensión del chatbot al enviarle texto más limpio.

■ Despliegue en una aplicación web con Flask

Ahora, integramos el chatbot en una API usando Flask, para que otros puedan interactuar con él a través de peticiones HTTP.

```python
from flask import Flask, request, jsonify

app = Flask(__name__)

@app.route("/chatbot", methods=["POST"])
def chat():
    data = request.json
    user_message = data.get("message", "")
    response = chatbot(user_message)
    return jsonify({"response": response})

if __name__ == "__main__":
    app.run(debug=True, port=5000)
```

■ Explicación:

✔ Define una API REST con Flask.

✔ Recibe mensajes del usuario a través de solicitudes POST.

✔ Devuelve respuestas del chatbot en formato JSON.

◆ Prueba la API:
Ejecuta el servidor y usa Postman o CURL para probarlo:

```bash
bash

curl -X POST http://127.0.0.1:5000/chatbot -H

"Content-Type: application/json" -d '{"message": "Hola"}'
```

🚀 Extra: Integración con Telegram

Para convertir el chatbot en un bot de Telegram, creamos una cuenta en @BotFather y obtenemos un token de API.

```python
python

import telebot
import os

# Clave de API de Telegram
TOKEN = "TU_TELEGRAM_BOT_TOKEN"

bot = telebot.TeleBot(TOKEN)

@bot.message_handler(func=lambda message: True)
def responder(message):
    respuesta = chatbot(message.text)
    bot.reply_to(message, respuesta)

print("🤖 Bot de Telegram activo...")
bot.polling()
```

◆ Ejecuta el código y escribe a tu bot en Telegram. 🚀

◆ Extra 2: Mejorando la memoria del Chatbot

Por defecto, los chatbots basados en GPT no recuerdan el historial de conversación. Para mejorar esto, podemos mantener el contexto de la conversación en memoria o en una base de datos.

📌 Implementar memoria en el chatbot

```python
from fastapi import FastAPI
from openai import OpenAI

app = FastAPI()

# Almacenar historial en memoria
historial = []

@app.post("/chat")
def chat(mensaje: dict):
    global historial
    usuario_input = mensaje["mensaje"]

    # Agregar mensaje del usuario al historial
    historial.append({"role": "user", "content": usuario_input})

    # Generar respuesta de GPT
    respuesta = OpenAI().chat.completions.create(
        model="gpt-4",
        messages=historial
    )

    # Agregar respuesta del chatbot al historial
    historial.append({"role": "assistant", "content": respuesta.choices[0]

    return {"respuesta": respuesta.choices[0].message.content}
    .message.content})
```

- ◆ Ventajas: Mantiene el contexto dentro de una sesión.
- ◆ Desventajas: Si se reinicia la API, el historial se borra.

◆ Extra 3: Guardar el historial en una base de datos

Si queremos que el chatbot recuerde conversaciones anteriores, podemos almacenar los mensajes en una base de datos como SQLite o PostgreSQL.

📌 Instalar SQLAlchemy para manejar la base de datos

```bash
pip install sqlalchemy sqlite3
```

📌 Configurar la base de datos SQLite

```python
from sqlalchemy import create_engine, Column, String, Integer
from sqlalchemy.orm import sessionmaker, declarative_base

# Configurar SQLite
Base = declarative_base()
engine = create_engine("sqlite:///chatbot.db")
Session = sessionmaker(bind=engine)
session = Session()

# Modelo de la tabla de mensajes
class Mensaje(Base):
    __tablename__ = "mensajes"
    id = Column(Integer, primary_key=True, autoincrement=True)
    usuario = Column(String)
    bot = Column(String)

# Crear la base de datos
Base.metadata.create_all(engine)
```

📌 Modificar el chatbot para almacenar mensajes

```python
@app.post("/chat")
def chat(mensaje: dict):
    usuario_input = mensaje["mensaje"]

    # Recuperar historial de la BD
    mensajes_previos = session.query(Mensaje).all()
    historial = [{"role": "user", "content": m.usuario} for m in mensajes_previos] + \
                [{"role": "assistant", "content": m.bot} for m in mensajes_previos]

    historial.append({"role": "user", "content": usuario_input})

    # Generar respuesta del chatbot
    respuesta = OpenAI().chat.completions.create(
        model="gpt-4",
        messages=historial
    ).choices[0].message.content

    # Guardar conversación en la BD
    nuevo_mensaje = Mensaje(usuario=usuario_input, bot=respuesta)
    session.add(nuevo_mensaje)
    session.commit()

    return {"respuesta": respuesta}
```

◆ Ventajas: La memoria se mantiene aunque se reinicie el chatbot.
◆ Desventajas: Requiere almacenamiento adicional.

📌 Conclusión
■ Añadimos memoria al chatbot para recordar conversaciones.
■ Guardamos el historial en una base de datos para sesiones persistentes.
■ El chatbot ahora es más inteligente y útil.

■ Proyecto 2: Chatbot con GPT y NLP

🔧 Retos:

- Crea respuestas limitadas a 100 caracteres (modo breve).
- Añade comandos personalizados: /ayuda, /acerca, /reiniciar.
- Guarda el historial completo de cada sesión en un archivo .csv.

💬 Preguntas de práctica:

1. ¿Cuál es la diferencia entre usar GPT-3.5 y GPT-4?
2. ¿Qué papel cumple spaCy en el preprocesamiento?
3. ¿Qué ventajas tiene implementar el chatbot en Telegram o WhatsApp?

■ Proyecto 3: Predicción de Precios con Machine Learning

■ Objetivo

Construir un modelo de Machine Learning para predecir precios (ej. viviendas, acciones, criptomonedas) utilizando modelos de regresión.

🛠 Tecnologías utilizadas

◆ Scikit-Learn   Para entrenar modelos de regresión.
◆ Pandas   Para manipulación y limpieza de datos.
◆ Matplotlib & Seaborn   Para visualizar tendencias de precios.
◆ Flask (opcional)   Para desplegar el modelo en una aplicación web.

■ Recolección y limpieza de datos

Antes de entrenar un modelo, necesitamos un dataset con datos históricos de precios.

Usaremos un dataset de precios de viviendas (Boston Housing) disponible en Scikit-Learn.

📌 Instalación de librerías

bash

```
pip install pandas numpy scikit-learn matplotlib seaborn flask
```

📌 Cargar el dataset y explorar los datos

```python
import pandas as pd
import numpy as np
import matplotlib.pyplot as plt
import seaborn as sns
from sklearn.datasets import fetch_california_housing

# Cargar datos de viviendas en California
data = fetch_california_housing()
df = pd.DataFrame(data.data, columns=data.feature_names)
df["Precio"] = data.target  # Variable objetivo

# Mostrar primeras filas del dataset
print(df.head())

# Estadísticas básicas
print(df.describe())

# Comprobar valores nulos
print(df.isnull().sum())
```

◆ Exploramos los datos y verificamos si hay valores nulos antes de entrenar el modelo.

■ Entrenamiento y ajuste del modelo

Vamos a entrenar un modelo de Regresión Lineal para predecir precios de viviendas.

```python
from sklearn.model_selection import train_test_split
from sklearn.linear_model import LinearRegression
from sklearn.preprocessing import StandardScaler

# Separar datos en variables independientes (X) y dependiente (y)
X = df.drop("Precio", axis=1)
y = df["Precio"]

# Dividir en conjuntos de entrenamiento (80%) y prueba (20%)
X_train, X_test, y_train, y_test = train_test_split(X, y, test_size=0.2,
random_state=42)
# Escalar los datos para mejorar rendimiento
scaler = StandardScaler()
X_train = scaler.fit_transform(X_train)
X_test = scaler.transform(X_test)

# Entrenar modelo de regresión
modelo = LinearRegression()
modelo.fit(X_train, y_train)

# Predicción en el conjunto de prueba
y_pred = modelo.predict(X_test)

# Mostrar coeficientes del modelo
print("Coeficientes:", modelo.coef_)
print("Intercepto:", modelo.intercept_)
```

■ Evaluación del rendimiento y métricas

Mediremos la precisión del modelo usando métricas como MAE (Error Absoluto Medio) y R^2 (Coeficiente de determinación).

```python
from sklearn.metrics import mean_absolute_error, r2_score

# Calcular métricas de error
mae = mean_absolute_error(y_test, y_pred)
r2 = r2_score(y_test, y_pred)


print(f"📉 MAE: {mae:.2f}")
print(f"📊 R²: {r2:.2f}")
```

📌 Interpretación:

✔ MAE bajo significa que el modelo comete pocos errores en la predicción.

✔ R² cercano a 1 indica que el modelo explica bien la variabilidad del precio.

◼ Despliegue con una interfaz simple

Vamos a crear una API en Flask para que otros puedan ingresar datos y obtener una predicción.

```python
from flask import Flask, request, jsonify


app = Flask(__name__)


@app.route("/predecir", methods=["POST"])
def predecir():
    datos = request.json["features"]
    datos_escalados = scaler.transform([datos])
    prediccion = modelo.predict(datos_escalados)[0]
    return jsonify({"precio_estimado": round(prediccion, 2)})


if __name__ == "__main__":
    app.run(debug=True, port=5000)
```

◆ Prueba la API:

Ejecuta el servidor y envía una solicitud con datos de entrada:

```bash
curl -X POST http://127.0.0.1:5000/predecir \
    -H "Content-Type: application/json" \
    -d '{"features": [8.0, 41.0, 6.2, 1.5,
                      1000.0, 2.0, 35.0, -120.5]}'
```

📌 Conclusión

⬛ Hemos construido un modelo de regresión para predecir precios de viviendas.

⬛ Evaluamos el modelo con métricas como MAE y R^2.

⬛ Desplegamos el modelo en una API con Flask para hacer predicciones en tiempo real.

⬛ Proyecto 3: Predicción de precios con ML

🔧 Retos:

- Sustituye la regresión lineal por un modelo más avanzado como RandomForestRegressor.
- Representa gráficamente las predicciones vs. los valores reales.
- Utiliza un dataset nuevo de criptomonedas desde Yahoo Finance.

💬 Preguntas de práctica:

1. ¿Qué representa la métrica R^2 y cómo se interpreta?
2. ¿Cuándo es preferible usar regresión lineal frente a un modelo no lineal?
3. ¿Qué estrategias puedes usar para evitar el overfitting?

🚀 Proyecto 4: IA en Producción con API y Google Cloud

◼ Objetivo

Desplegar un modelo de IA en producción mediante una API utilizando FastAPI, Docker y Google Cloud.

🛠 Tecnologías utilizadas

◆ FastAPI   Para crear la API del modelo de IA.
◆ Docker   Para contenerizar la API y facilitar su despliegue.
◆ Google Cloud (Vertex AI, Cloud Run, Cloud Functions) Para alojar y escalar el modelo en la nube.

◼ Creación de una API para servir modelos de IA

Usaremos FastAPI para exponer un modelo de Machine Learning a través de una API.

📌 Instalación de dependencias

```bash
bash
```

```bash
pip install fastapi uvicorn scikit-learn pandas numpy
```

📌 Código de la API con FastAPI

```python
python
```

```python
from fastapi import FastAPI
import pickle
import numpy as np
import pandas as pd
```

```python
# Cargar modelo previamente entrenado
with open("modelo.pkl", "rb") as file:
    modelo = pickle.load(file)

# Crear instancia de FastAPI
app = FastAPI()

@app.post("/predecir")
def predecir(datos: dict):
    features = np.array(datos["features"]).reshape(1, -1)
    prediccion = modelo.predict(features)[0]
    return {"precio_estimado": round(prediccion, 2)}

# Para correr localmente: uvicorn nombre_archivo:app --reload
```

📌 Guardar el modelo antes del despliegue

python   ⬜ C

```python
import pickle
from sklearn.linear_model import LinearRegression
from sklearn.model_selection import train_test_split

# Datos de ejemplo
X_train, X_test, y_train, y_test = train_test_split(
    df.drop("Precio", axis=1), df["Precio"], test_size=0.2, random_state=42
)

# Entrenar modelo
modelo = LinearRegression()
modelo.fit(X_train, y_train)

# Guardar modelo entrenado
with open("modelo.pkl", "wb") as file:
    pickle.dump(modelo, file)
```

■ Contenerización con Docker

Para facilitar el despliegue, empaquetaremos la API en un contenedor Docker.

📌 Crear un archivo Dockerfile

```
Dockerfile

# Imagen base de Python
FROM python:3.9

# Establecer directorio de trabajo
WORKDIR /app

# Copiar archivos
COPY . .

# Instalar dependencias
RUN pip install --no-cache-dir -r requirements.txt

# Exponer puerto 8000
EXPOSE 8000

# Comando para ejecutar la API
CMD ["uvicorn", "main:app", "--host", "0.0.0.0", "--port", "8000"]
```

📌 Construir y ejecutar el contenedor

```bash
docker build -t mi_api .
docker run -p 8000:8000 mi_api
```

Ahora la API está corriendo en http://127.0.0.1:8000 🎉

■ Implementación en Google Cloud

Ahora desplegaremos la API en Google Cloud Run para que sea accesible desde cualquier lugar.

📌 Paso 1: Iniciar sesión en Google Cloud

bash

```bash
gcloud auth login
gcloud config set project [TU_PROYECTO_ID]
```

📌 Paso 2: Subir la imagen a Google Container Registry

bash

```bash
gcloud builds submit --tag gcr.io/[TU_PROYECTO_ID]/mi_api
```

📌 Paso 3: Desplegar en Cloud Run

bash

```bash
gcloud run deploy mi-api \
    --image gcr.io/[TU_PROYECTO_ID]/mi_api \
    --platform managed \
    --allow-unauthenticated
```

¡Listo! 🎉 Ahora tu API de IA está en producción y accesible globalmente.

⬛ Optimización y escalabilidad

📌 Habilitar autoescalado

bash   🗗 Copia

```bash
gcloud run services update mi-api --max-instances=5
```

📌 Monitorizar con Google Cloud Logging

```bash
gcloud logging read "resource.type=cloud_run_revision" --limit 10
```

📌 Conclusión

⬛ Creamos una API con FastAPI para exponer un modelo de IA.

⬛ Usamos Docker para empaquetar la aplicación.

⬛ Desplegamos la API en Google Cloud Run para producción.

⬛ Optimizamos la escalabilidad y rendimiento.

🔒 Extra: Autenticación y Seguridad en la API

Cuando desplegamos una API en producción, es importante proteger el acceso para evitar usos indebidos o ataques. Aquí veremos cómo agregar autenticación con API Keys y JWT (JSON Web Tokens) para asegurar nuestra API.

■ Protección con API Keys

Una API Key es una clave secreta que los usuarios deben enviar en cada solicitud para autenticarse.

📌 Modificar la API para requerir una API Key

```python
from fastapi import FastAPI, HTTPException, Header

app = FastAPI()

# Definir la API Key (puedes almacenarla en una variable de entorno)
API_KEY = "mi_clave_secreta"

@app.post("/predecir")
def predecir(datos: dict, x_api_key: str = Header(None)):
    if x_api_key != API_KEY:
        raise HTTPException(status_code=403, detail="Acceso no autorizado")

    features = np.array(datos["features"]).reshape(1, -1)
    prediccion = modelo.predict(features)[0]
    return {"precio_estimado": round(prediccion, 2)}
```

📌 Enviar una solicitud autenticada con API Key

```bash
curl -X POST http://127.0.0.1:8000/predecir \
    -H "x-api-key: mi_clave_secreta" \
    -H "Content-Type: application/json" \
    -d '{"features": [8.0, 41.0, 6.2, 1.5, 1000.0, 2.0, 35.0, -120.5]}'
```

- Ventajas: Fácil de implementar.
- Desventajas: Si la API Key se filtra, cualquiera puede acceder.

■ Autenticación con JWT (JSON Web Tokens)

Un JWT permite que los usuarios inicien sesión y obtengan un token que deben incluir en cada solicitud.

📌 Instalar librería para manejar JWT

```bash
pip install pyjwt
```

📌 Código para generar y validar tokens JWT

```python
import jwt
import datetime

# Clave secreta para firmar los tokens (almácenala en un entorno seguro)
SECRET_KEY = "clave_super_secreta"

# Función para generar un token
def generar_token(usuario: str):
    payload = {
        "sub": usuario,
        "exp": datetime.datetime.utcnow() + datetime.timedelta(hours=1)
    }
    token = jwt.encode(payload, SECRET_KEY, algorithm="HS256")
    return token

# Función para validar un token
def verificar_token(token: str):
    try:
        payload = jwt.decode(token, SECRET_KEY, algorithms=["HS256"])
        return payload["sub"]
    except jwt.ExpiredSignatureError:
        raise HTTPException(status_code=401, detail="Token expirado")
    except jwt.InvalidTokenError:
        raise HTTPException(status_code=401, detail="Token inválido")
```

📌 Modificar la API para requerir autenticación con JWT

```python
@app.post("/predecir")
def predecir(datos: dict, token: str = Header(None)):
    usuario = verificar_token(token)  # Verificar token antes de procesar
    la solicitud

    features = np.array(datos["features"]).reshape(1, -1)
    prediccion = modelo.predict(features)[0]
    return {"usuario": usuario, "precio_estimado": round(prediccion, 2)}
```

📌 Solicitar un token y hacer una predicción
⬛ Obtener un token:

```python
token = generar_token("usuario123")
print(token)  # Usa este token en tus solicitudes
```

⬛ Enviar una solicitud autenticada con JWT:

```bash
curl -X POST http://127.0.0.1:8000/predecir \
    -H "token: TU_TOKEN_AQUÍ" \
    -H "Content-Type: application/json" \
    -d '{"features": [8.0, 41.0, 6.2, 1.5, 1000.0, 2.0, 35.0, -120.5]}'
```

◆ Ventajas: Seguridad más robusta, los tokens pueden expirar.
◆ Desventajas: Necesita más configuración en el backend.

📌 Conclusión
⬛ Agregamos seguridad con API Keys y JWT para proteger la API.
⬛ Ahora solo los usuarios autorizados pueden acceder.
⬛ Listo para desplegar en producción de forma segura.

🔧 Retos:

- Agrega autenticación basada en roles (ej: admin, usuario, invitado).
- Registra y analiza los tiempos de respuesta de cada llamada a la API.
- Añade logs personalizados con Cloud Logging (Stackdriver).

💬 Preguntas de práctica:

1. ¿Qué ventajas ofrece contenerizar con Docker?
2. ¿Por qué Cloud Run es más flexible que una función local?
3. ¿Cómo protegerías tu API en producción de accesos no autorizados?

Proyecto 5: Uso de IA en análisis de sentimientos en redes sociales

■ **Objetivo**:

Extraer y analizar los sentimientos de los usuarios a partir de publicaciones o comentarios en redes sociales como Twitter.

■ **Tecnologías**:

Twitter API o X API para extraer datos.
VADER y BERT para análisis de sentimientos.
Pandas, Matplotlib o Plotly para procesar y visualizar.
Streamlit para crear un dashboard interactivo.

✸ 1. Captura de datos desde redes sociales (Twitter/X)

📌 Instalación de librerías necesarias:

```bash
pip install tweepy pandas
```

📌 Código para conectarse a Twitter API (v2):

```python
import tweepy
import pandas as pd


# Credenciales de la API de Twitter
bearer_token = "TU_BEARER_TOKEN"
```

```python
# Inicializar cliente
client = tweepy.Client(bearer_token=bearer_token)

# Búsqueda de tweets (por palabra clave)
query = "IA OR inteligencia artificial lang:es -is:retweet"
tweets = client.search_recent_tweets(
    query=query,
    max_results=50,
    tweet_fields=["created_at", "text"]
)

# Guardar los tweets en un DataFrame
data = [{"fecha": t.created_at, "texto": t.text} for t in tweets.data]
df = pd.DataFrame(data)

df.head()
```

🔍 Puedes cambiar la query para analizar lo que quieras: una marca, un tema, un evento.

✨ 2. Preprocesamiento y análisis de sentimientos con VADER

📌 Instalar librería de análisis de sentimientos:

```bash
pip install nltk
```

```python
import nltk
from nltk.sentiment.vader import SentimentIntensityAnalyzer

# Descargar lexicón de VADER
nltk.download("vader_lexicon")
```

```python
# Inicializar el analizador de sentimientos
analyzer = SentimentIntensityAnalyzer()

# Calcular puntaje de sentimiento para cada texto
df["sentimiento"] = df["texto"].apply(
    lambda x: analyzer.polarity_scores(x)["compound"]
)

# Clasificar el sentimiento como positivo, neutro o negativo
def clasificar(sentimiento):
    if sentimiento >= 0.05:
        return "Positivo"
    elif sentimiento <= -0.05:
        return "Negativo"
    else:
        return "Neutro"

df["clasificacion"] = df["sentimiento"].apply(clasificar)

df[["texto", "clasificacion"]].head()
```

■ Simple, pero muy útil para análisis rápidos.

● 3. ¿Y si usamos BERT para mayor precisión?

Para un análisis más profundo, puedes usar BERT preentrenado para clasificación de sentimientos.

```bash
pip install transformers torch
```

```python
python

from transformers import pipeline

# Cargar modelo multilingüe preentrenado
analizador = pipeline(
    "sentiment-analysis",
    model="nlptown/bert-base-multilingual-uncased-sentiment"
)

# Aplicar el análisis a cada tweet
df["bert_sentimiento"] = df["texto"].apply(
    lambda x: analizador(x)[0]["label"]

df[["texto", "bert_sentimiento"]].head()
```

■ BERT permite detectar matices más complejos, pero es más pesado.

4. Visualización e interpretación de resultados

Usaremos Plotly o Matplotlib para mostrar la distribución de sentimientos.

```bash
bash

pip install plotly
```

```python
python

import plotly.express as px

conteo = df["clasificacion"].value_counts().reset_index()
conteo.columns = ["Sentimiento", "Cantidad"]

fig = px.bar(conteo, x="Sentimiento", y="Cantidad", color="Sentimiento",
             title="Distribución de sentimientos en los tweets")
fig.show()
```

■ 5. Crear un dashboard con Streamlit

```bash
pip install streamlit
```

```python
import streamlit as st
import pandas as pd
import plotly.express as px

st.title("Análisis de sentimientos en Twitter")

df = pd.read_csv("tweets_analizados.csv")
st.dataframe(df[["texto", "clasificacion"]])

conteo = df["clasificacion"].value_counts().reset_index()
conteo.columns = ["Sentimiento", "Cantidad"]

fig = px.pie(
    conteo,
    names="Sentimiento",
    values="Cantidad",
    title="Sentimientos"
)

st.plotly_chart(fig)
```

Ejecutar:

```bash
streamlit run app.py
```

🎉 ¡Y ya tienes tu dashboard en tiempo real!

■ Conclusión del Proyecto

✔ Extrajimos datos reales desde Twitter.
✔ Usamos VADER y BERT para análisis de sentimientos.
✔ Visualizamos los resultados y creamos un dashboard interactivo.

🔧 Extra: Seguimiento de marca o tema en el tiempo

● Objetivo:

Automatizar la recolección de tweets sobre una marca, evento o persona, analizarlos por sentimiento a lo largo del tiempo y generar reportes visuales periódicos.

🧩 Tecnologías:

Twitter API v2
VADER o BERT para análisis de sentimientos
Pandas para análisis por fecha
Plotly para gráficas
schedule y smtplib para automatización y envío de reportes

■ Recolección diaria automática de tweets

```python
import tweepy
import pandas as pd
from datetime import datetime

# Inicializar API
bearer_token = "TU_BEARER_TOKEN"
client = tweepy.Client(bearer_token=bearer_token)
```

```python
# Función para recolectar y guardar tweets
def recolectar_tweets():
    query = "OpenAI OR ChatGPT lang:es -is:retweet"
    tweets = client.search_recent_tweets(
        query=query,
        max_results=50,
        tweet_fields=["created_at", "text"]
    )

    data = [{
        "fecha": t.created_at.date(),
        "hora": t.created_at.time(),
        "texto": t.text
    } for t in tweets.data]

    df = pd.DataFrame(data)
    nombre_archivo = f"tweets_{datetime.now().date()}.csv"
    df.to_csv(nombre_archivo, index=False)
    print(f"Guardado: {nombre_archivo}")
```

◼ Análisis de sentimientos por día

python

```python
from nltk.sentiment.vader import SentimentIntensityAnalyzer
import nltk

nltk.download("vader_lexicon")
analyzer = SentimentIntensityAnalyzer()

def analizar_sentimientos(df):
    df["compound"] = df["texto"].apply(
        lambda x: analyzer.polarity_scores(x)["compound"]
    )
```

```python
df["sentimiento"] = df["compound"].apply(
    lambda x: "Positivo" if x > 0.05 else "Negativo" if x < -0.05 else "Neutro"
)


return df
```

◼ Agrupación y visualización por fecha

python

```python
import plotly.express as px

def graficar_tendencia(df):
    resumen = df.groupby(["fecha", "sentimiento"]).size().reset_index(name="cantidad")

    fig = px.line(
        resumen,
        x="fecha",
        y="cantidad",
        color="sentimiento",
        title="Tendencia de sentimientos por día"
    )

    fig.write_html("reporte_sentimientos.html")
    print("Reporte generado: reporte_sentimientos.html")
```

◼ Automatización diaria (opcional)

python

```python
import schedule
import time

def tarea_diaria():
    recolectar_tweets()
    df = pd.read_csv(f"tweets_{datetime.now().date()}.csv")
    df = analizar_sentimientos(df)
    graficar_tendencia(df)

# Ejecutar todos los días a las 9:00 AM
schedule.every().day.at("09:00").do(tarea_diaria)
```

```python
while True:
    schedule.run_pending()
    time.sleep(60)
```

◼ Enviar el reporte por email (opcional)

python

```python
import smtplib
from email.message import EmailMessage

def enviar_reporte():
    msg = EmailMessage()
    msg["Subject"] = "Reporte de Sentimientos Diario"
    msg["From"] = "tureporte@email.com"
    msg["To"] = "usuario@destino.com"

    msg.set_content("Adjunto encontrarás el reporte diario de tweets.")

    with open("reporte_sentimientos.html", "rb") as f:
        contenido = f.read()
        msg.add_attachment(contenido, maintype="text", subtype="html",
         filename="reporte.html")

    with smtplib.SMTP_SSL("smtp.gmail.com", 465) as smtp:
        smtp.login("tureporte@email.com", "CONTRASEÑA_APP")
        smtp.send_message(msg)

# Llamar a enviar_reporte() después de generar el reporte
```

🚀 ¿Y ahora qué?

Este flujo te permite:

- Monitorear una marca o palabra clave a lo largo del tiempo.
- Visualizar cómo cambia el sentimiento de los usuarios cada día.
- Automatizar todo para no tener que hacerlo manualmente.
- ¡Y hasta enviar un informe por email automáticamente!

◼️ Proyecto 5: Análisis de sentimientos en redes sociales

🔧 Retos:

- Programa un script que recolecte y analice tweets diariamente.
- Integra un selector en Streamlit para filtrar por día o hashtag.
- Compara los resultados entre VADER y BERT en una visualización combinada.

⬤ Preguntas de práctica:

1. ¿En qué escenarios BERT supera a VADER?
2. ¿Qué significa el valor compound en VADER?
3. ¿Para qué sirve Plotly en este contexto?

🎬 Proyecto Extra: Recomendador de Películas con Machine Learning

⬛ Objetivo

Construir un sistema de recomendación que sugiera películas similares a otra, basado en la descripción o características de cada una.

⚒ Tecnologías utilizadas

- Pandas para manipulación de datos.
- Scikit-learn para vectorización de texto y cálculo de similitud.
- Streamlit (opcional) para interfaz web interactiva.

📂 Dataset sugerido

Puedes usar un dataset como IMDb Movies Dataset o The Movies Dataset.
Este debe incluir columnas como: title, description, genres.

✏ Paso 1: Preparar el entorno y los datos

```python
import pandas as pd

# Cargar dataset
df = pd.read_csv("movies.csv")

# Asegurar que no haya valores nulos en la columna usada
df = df[["title", "description"]].dropna()
df = df.reset_index(drop=True)
```

● Paso 2: Vectorizar las descripciones con TF-IDF

python

```python
from sklearn.feature_extraction.text import TfidfVectorizer

# Crear vectorizador TF-IDF
vectorizer = TfidfVectorizer(stop_words="english")

# Ajustar al campo 'description'
tfidf_matrix = vectorizer.fit_transform(df["description"])
```

＼ Paso 3: Calcular similitud entre películas

python

```python
from sklearn.metrics.pairwise import cosine_similarity

# Calcular la matriz de similitud
cosine_sim = cosine_similarity(tfidf_matrix, tfidf_matrix)
```

● Paso 4: Función para recomendar películas similares

python

```python
def recomendar_peliculas(titulo, df, similitudes):
    # Buscar índice de la película dada
    idx = df[df["title"] == titulo].index[0]

    # Obtener puntuaciones de similitud
    sim_scores = list(enumerate(similitudes[idx]))
```

```python
# Ordenar por similitud descendente
sim_scores = sorted(sim_scores, key=lambda x: x[1],
 reverse=True)


# Seleccionar las 5 más similares (ignorando la misma)
sim_scores = sim_scores[1:6]


# Obtener índices
movie_indices = [i[0] for i in sim_scores]


# Retornar los títulos recomendados
return df["title"].iloc[movie_indices].tolist()
```

✏ Ejemplo de uso

python

```python
recomendaciones = recomendar_peliculas("Inception", df, cosine_sim)
print("Películas recomendadas:", recomendaciones)
```

🌐 Paso 5 (opcional): Interfaz con Streamlit

python

```python
import streamlit as st

st.title("🎬 Recomendador de Películas")

pelicula = st.selectbox("Elige una película:", df["title"].tolist())

if pelicula:
    resultados = recomendar_peliculas(pelicula, df, cosine_sim)
    st.subheader("Recomendaciones similares:")
    for r in resultados:
        st.write(f"- {r}")
```

Ejecuta con:

```bash

streamlit run app.py
```

📌 Conclusión del proyecto extra

✔ Aprendiste a usar NLP para representar texto numéricamente.
✔ Implementaste una técnica clásica de recomendación basada en contenido.
✔ Puedes extenderlo con filtros por género, popularidad o colaborativo.

Errores comunes en IA y cómo evitarlos

Aunque construir modelos de IA parece lineal, hay muchos errores sutiles que pueden afectar seriamente el rendimiento y la utilidad de tus proyectos. Aquí te comparto los más comunes... y cómo prevenirlos.

✕ 1. Olvidar escalar o normalizar los datos

Qué pasa:

Modelos como regresión, SVM o redes neuronales pueden funcionar mal si los datos no están en la misma escala.

Solución:

Usa StandardScaler, MinMaxScaler o normalización personalizada antes de entrenar.

```python
from sklearn.preprocessing import StandardScaler
scaler = StandardScaler()
X_scaled = scaler.fit_transform(X)
```

✕ 2. Entrenar y evaluar con los mismos datos

Qué pasa:

Tu modelo aprende los datos "de memoria" y da resultados irreales (overfitting).

Solución:

Divide el dataset en entrenamiento y prueba. Usa train_test_split y validación cruzada.

```python
from sklearn.model_selection import train_test_split
X_train, X_test, y_train, y_test = train_test_split(X, y, test_size=0.2)
```

✗ 3. Ignorar el balance de clases

Qué pasa:

Si el 90% de tus datos son de una clase, un modelo puede "acertar" siempre sin aprender nada útil.

Solución:

Analiza la distribución de clases. Usa técnicas como sobremuestreo (SMOTE) o ponderación de clases.

✗ 4. Elegir modelos sin entender el problema

Qué pasa:

Aplicar una red neuronal gigante a un problema que puede resolverse con una simple regresión = pérdida de tiempo.

Solución:

Comienza simple. Usa un árbol de decisión, regresión o RandomForest, y solo escala si es necesario.

✗ 5. Interpretar mal las métricas

Qué pasa:

Quedarse solo con "accuracy" puede engañar, especialmente si el dataset está desbalanceado.

Solución:

Usa varias métricas: precision, recall, F1-score, ROC AUC, dependiendo del problema.

✗ 6. No guardar modelos ni reproducir resultados

Qué pasa:

Entrenas un gran modelo... y no puedes volver a replicarlo igual nunca más.

Solución:
 Usa pickle o joblib para guardar modelos. Usa seeds fijos para reproducibilidad.

```python
python


import pickle
with open("modelo.pkl", "wb") as f:
    pickle.dump(modelo, f)
```

■ Buenas prácticas rápidas:

- ✎ Siempre valida tus resultados con datos separados.
- ■ Automatiza procesos con pipelines (scikit-learn o MLflow).
- ■ Visualiza todo lo que puedas (distribuciones, errores, correlaciones).
- ■ Documenta tus experimentos: decisiones, parámetros y resultados.

◼ Glosario Básico de IA y Machine Learning

◼ Dataset
Conjunto de datos que se usa para entrenar y evaluar un modelo. Puede estar formado por texto, imágenes, números o combinaciones.

● Modelo
Estructura matemática que aprende a predecir o clasificar con base en los datos que se le proporcionan.

◼ Overfitting (Sobreajuste)
Cuando el modelo aprende demasiado bien los datos de entrenamiento, pero falla al generalizar con nuevos datos.

✿ Epoch
Una pasada completa de todos los datos de entrenamiento por el modelo. Más epochs = más oportunidad de aprender (¡pero cuidado con el sobreajuste!).

🔗 Pipeline
Flujo de trabajo compuesto por pasos encadenados: limpieza de datos   transformación   entrenamiento   predicción.

◼ Token
Unidad básica de texto en NLP. Puede ser una palabra, sílaba, letra o subpalabra, según el modelo.

⬡ Modelo preentrenado
Modelo que ya ha sido entrenado con grandes volúmenes de datos y se puede reutilizar o afinar para tareas específicas.

■ Métricas de evaluación

Valores que indican qué tan bien se desempeña el modelo.
Ejemplos: accuracy, precision, recall, F1-score, RMSE, MAE.

✏ Validación cruzada

Técnica para probar el modelo usando distintas divisiones del
dataset y así evitar resultados engañosos.

🔍 Inferencia

Fase en la que el modelo, ya entrenado, hace predicciones
con nuevos datos.

🌐 Recursos Recomendados para Seguir Aprendiendo

📇 Plataformas de cursos y proyectos prácticos
- <u>Kaggle</u> – Competiciones, datasets y notebooks prácticos.
- <u>Coursera</u> – Cursos de IA de Stanford, DeepLearning.AI y Google.
- <u>freeCodeCamp</u> – Proyectos completos y gratis.
- <u>Fast.ai</u> – Cursos prácticos con PyTorch.

🔍 Datasets gratuitos
- HuggingFace Datasets – Textos, audio, imágenes y más.
- <u>UCI Machine Learning Repository</u> – Clásico, sencillo y variado.
- Google Dataset Search – Buscador universal de datasets.
- <u>Datahub.io</u> – Datos abiertos y limpios para IA.

👥 Comunidades y foros
- Reddit: r/MachineLearning, r/learnmachinelearning
- Discord: AI Spain, Data Science Central
- LinkedIn: Sigue a expertos como Andrew Ng, Jeremy Howard, Yann LeCun
- Twitter/X: Cuentas como @hardmaru, @karpathy, @mmitchell_ai

📑 Blogs y artículos para inspirarte
- <u>Towards Data Science (Medium)</u>
- <u>Distill.pub</u> – Visualizaciones profundas de conceptos.
- <u>ArXiv Sanity Preserver</u> – Lo último en papers de IA.
- <u>Papers with Code</u> – Artículos + código abierto asociado.

🛠 Herramientas útiles

- Google Colab: para programar con GPUs gratis en la nube.
- Streamlit: para crear apps de IA en segundos.
- HuggingFace Transformers: para usar modelos NLP como BERT y GPT.
- Docker: para desplegar tus modelos de manera profesional.

📌 Conclusión y Siguientes Pasos

⬛ Buenas prácticas en proyectos de IA

A lo largo de estos proyectos, hemos visto que construir sistemas de IA va más allá del modelo en sí. Aquí algunas buenas prácticas clave:

- Entiende el problema antes de elegir la tecnología. La IA debe ser una solución, no un experimento aislado.
- Preprocesa los datos cuidadosamente. La calidad de los datos influye directamente en el rendimiento del modelo.
- Evalúa con métricas claras y asegúrate de que el modelo generalice bien, no solo aprenda el dataset.
- Itera constantemente. La primera versión rara vez es la mejor. Ajusta hiperparámetros, prueba modelos distintos, agrega más datos.
- Documenta y versiona tu trabajo, sobre todo si trabajas en equipo o planeas desplegarlo.
- Incluye consideraciones éticas, como el sesgo en los datos, privacidad de los usuarios, y uso responsable de la tecnología.

♟ Desafíos y tendencias futuras en IA aplicada

La inteligencia artificial está avanzando a pasos agigantados. Algunos de los desafíos y tendencias que están marcando el camino son:

- Generalización y robustez: cómo hacer que los modelos funcionen bien en escenarios reales, no solo en entornos controlados.
- Explicabilidad: entender por qué un modelo toma una decisión (especialmente en sectores sensibles como salud o finanzas).
- IA generativa (como GPT, DALL·E, etc.) y su integración en productos reales.
- Edge AI: modelos que corren directamente en dispositivos móviles o IoT.
- AutoML y herramientas no-code que facilitan el acceso a IA a personas sin experiencia técnica.
- Regulación y gobernanza de modelos de IA a nivel global.

🚀 ¿Cómo seguir aprendiendo?

Aquí algunos consejos prácticos para continuar tu camino en IA:

- Haz más proyectos personales. Aplica IA en temas que te interesen: deporte, música, salud, arte, etc.
- Contribuye en GitHub. Revisa proyectos open-source, colabora en mejoras, o comparte tus propios repos.
- Participa en comunidades. Foros como Reddit, Discord, y grupos de LinkedIn están llenos de oportunidades.
- Explora plataformas como Kaggle, donde puedes practicar con datasets reales, competir y aprender de otros.
- Sigue aprendiendo nuevas herramientas: HuggingFace, LangChain, PyTorch Lightning, etc.
- Lee papers o artículos actualizados. ArXiv y Medium son grandes fuentes de contenido técnico al día.

La inteligencia artificial es un campo vivo y en constante evolución. Cada nuevo proyecto es una oportunidad para descubrir, mejorar y transformar ideas en soluciones reales.

Gracias por llegar hasta aquí 🙌
¡Ahora te toca a ti llevar la IA del laboratorio al mundo real!

🙏 Agradecimientos

Este libro es el resultado de muchas horas de aprendizaje, práctica y pasión por la inteligencia artificial.

Quiero agradecer a todas las personas que, directa o indirectamente, han sido parte de este proyecto.

A la comunidad global de desarrolladores, educadores y creadores de contenido en IA, que comparten su conocimiento desinteresadamente y hacen que aprender sea más accesible para todos.

A mi familia y personas cercanas, por su apoyo constante y su paciencia infinita mientras este proyecto tomaba forma.

Y por supuesto, gracias a ti, lector o lectora, por confiar en este libro como guía en tu camino hacia el dominio de la inteligencia artificial aplicada.

Que cada proyecto aquí sea una puerta a nuevas ideas, soluciones reales y oportunidades para construir con propósito.